Quién @#$%! Soy?

30 DIAS PARA:
EMPEZAR A REDESCUBRIR
QUIEN ERAS
QUIEN ERES Y
QUIEN QUIERES SER

JAEL TOLEDO

Importantes Mensajes Que Fortalecen Mi Vida!!!

"NI TUS PEORES ENEMIGOS PUEDEN HACERTE TANTO
DAÑO COMO TUS PROPIOS PENSAMIENTOS"
-BUDA-

"LOS AÑOS ARRUGAN LA PIEL PERO LA FALTA DE
ENTUSIASMO ARRUGA EL ALMA"
-ANÓNIMO-

"NUNCA SEAS ESCLAVO DE TU PASADO SINO
ARQUITECTO DE TU FUTURO"
-ANÓNIMO-

"QUÉDATE CON AQUEL QUE TE MIRE VOLAR,
QUE TE DEJE VOLAR, QUE TE IMPULSE A VOLAR,
Y TE ALCANCE EN TU VUELO."
-ANÓNIMO-

"SI CAES Y TE LEVANTAS,
NO CAÍSTE SINO QUE TOMASTE IMPULSO"
-ALEJANDRO JODOROWSKY-

"SI DEJAS SALIR TODOS TUS MIEDOS,
TENDRÁS MÁS ESPACIO PARA VIVIR TUS SUEÑOS"
-ANÓNIMO-

"SI FALLASTE AYER NO IMPORTA. HOY TIENES LA
OPORTUNIDAD DE COMENZAR DE NUEVO"
-ANÓNIMO-

Este libro te ayudará a:

1. Reír recordando
2. Llorar sin razón
3. Aceptar tu pasado
4. Descubrir tu presente
5. Construir tu futuro

Experimentarás diferentes emociones y sensaciones mientras navegas los ejercicios, en momentos sentirás seguridad, felcidad, incertidumbre, o que no entiendes lo que estas haciendo. Espera, se constante y termina el libro, la sensación final será mágica!

Instrucciones

1. Con el fin de estar mejor conectadas, entra a mi página de internet, JaelToledo.com, regístrate y espera a que te contacte una vez termines los ejercicios.

2. Escoge un lápiz o lapicero hermoso (Hello Kitty, Batman, Starwars, Mont Blanc) ¡¡¡el que ta haga feliz!!! (mi favorito es Hello Kitty)

3. 5 minutos para ti todos los días. Agrégalo a tu calendario.

4. Un cafecito, té, tortica de chocolate (mi preferida), pastelito, frutica (lo que quieras que endulce esos 5 minutos!!

5. Un poco de música (recuerda esas canciones clásicas que te inspiraban) como las de Celine Dion, Ricardo Montaner, Fonseca ¡¡ahhhh!!

6. Recuerda que debes hacer un ejercio diario. No dejes pasar días sin hacer ejercicios ni hagas más de lo indicado en un día.

En caso de emergencia o crisis emocional

Llamar a

Al

Escoge a esa persona incondicional, imparcial, empática que nunca te juzgaría así estuvieras en las peores situaciones o en los momentos más oscuros.

Día 2| *Agradecer es muy importante.*

Agradécele a la vida por lo que tienes, hazlo una vez al día por los próximos 30 días (sin pena agradece por todo, por nutella, maquillaje, café, tus hijos, etc).

1.
2.
3.
4.
5.
6.
7.
8.
9.
10.
11.
12.
13.
14.
15.
16.
17.
18.
19.
20.
21.
22.
23.
24.
25.
26.
27.
28.
29.
30.

" Me quedo con aquellas personas con quien puedo ser yo, en toda mi esencia y con total libertad "

Día 3

Con quién cuentas o a quién llamas en caso de

_____
Amiga/Amigo
Todero

_____
Buen Chofer

_____
Papá/Mamá

_____
Parrandero/
Fiestero

_____
Hermano
Divertido

_____
Hermano
No Tan Divertido

_____
El Que Sabe
De Todo

_____
El Que Cree Que
Lo Sabe Todo

_____
Tía/Tío Favorito

_____
El Que Te Debe
Un Favor

_____
El Que Mejor
Cocina

_____
Amiga Pa'
Chismosear

_____
Amiga Pa'
Llorar

_____
Amiga Pa'
Shopping

Día 9/ Colorear tiene muchos beneficios:

Te relaja
Disminuye la ansiedad y estrés
Ejercita la motricidad fina
Entrena el cerebro para enfocarse
¡¡Y a mí me hace sentir niña otra vez!!
Escoge tus 4 colores favoritos y colorea esta mágica página

Día 5/ Cuéntame...

¿Como te llamas?

¿Quien escogió tu nombre?

¿Qué significa tu nombre?

¿En honor a quien te llamas así?

¿Si pudieras escoger otro nombre cuál sería?

¡¡Preguntale a tus padres, abuelos, tios, etc!!

Día 6/ ¡¡Nuestros días están llenos de emociones y sentimientos, pon una X con los que te identificas y cuéntame como te sentiste!!

____ Soy imperfecta pero asumo mis imperfecciones para poder mejorar quien soy.

____ Soy fuerte, inteligente, y logro lo que me propongo.

____ Tengo miedo de cometer un error.

____ La vida está llena de errores. Lo importante es aprender de ellos.

____ Quiero hacer algo con mi vida pero no sé por dónde empezar.

____ Soy feliz de levantarme hoy y empezar un nuevo día.

____ ¡¡¡Que cansancio, no puedo más con otro día!!! Que perecita levantarme.

Día 7| ¡¡¡¡Piensa en algo que te causa inseguridad!!!!

Escríbelo en mayúscula 10 veces

Escríbelo en minúscula 10 veces

Pon una X grande en toda la página

Y después, pasa la página

Mañana es un nuevo día

Día 8 | ¡¡¡Yo amo cumplir años!!! Vuelve a tu infancia y recuerda tu cumpleaños favorito

¿Cuantos años tenías?

¿Dónde celebraste?

¿Cuál fué tu parte favorita?

¿Qué emociones recuerdas?

¿Quién estuvo contigo?

Día 9/ Dónde te ves en..

1 semana

1 mes

1 año

¡¡¡si no te ves está bien!!!

Cuéntame que haces mañana

Día 10/ Cuentame los primeros 2 objetivos que se te vienen a la cabeza. Los objetivos pueden ser en el trabajo, en el amor, la familia, el deporte, no hay límites.

1.

2.

Día 11/ ¡¡¡Que cantidad de palabras!!! Enfócate en las positivas y pon una X en las negativas. Al final, este ejercicio te ayudará a regular tu estado anímico.

¡¡¡¡Recuerda que las emociones son para sentirlas y expresarlas!!!!

anzar volar entusiasmo construir aceptar llorar rede:
judar imperfección amar miedos felicidad inseguridc
nilia objetivos belleza motivar pereza inteligencia an
perdonar emoción reinventar identidad mujer futuro c
debilidad alegría rencor perdonar entusiasmo aceptar
mujer identidad emoción reinventar imperfección amar
zar volar entusiasmo construir aceptar llorar redescr
cidad inseguridad debilidad alegría ayudar imperfecci
anzar volar entusiasmo construir aceptar llorar redesc
udar imperfección amar miedos felicidad inseguridac
amilia objetivos belleza motivar pereza inteligencia
r perdonar emoción reinventar identidad mujer futu

"La risa es el lenguaje del alma"
-Pablo Neruda-

Día 12

¡¡¡Cuéntame cuándo fue la última vez que lloraste o te hiciste pipi de la risa!!!

Día 13/ Mami. papi, abuelo, abuela, o esa persona que te crió,

¡¡¡Escríbeles una carta!!!

¡¡¡¡¡La motivación es uno de los motores de la vida!!!!!

Día 14/ ¿¿Cuéntame que te motiva y te llena de tanta energía positiva que te sientes como la mujer maravilla: LLENA DE PODER??

Día 15 | ¡¡¡Si tienes perecita, tómate el día libre y no escribas nada hoy!!!

Día 16

Cuéntame de ese amigo que ha marcado tu vida.

¿Recuerdas ese amigo de la niñez? ¿Cuándo fue la última vez que hablaste con él o ella? Búscalo por Facebook a ver en qué anda. ¡¡Cuéntame cómo te va!!

Día 17/ ¡Cuéntame de esos miedos tan grandes que te hacen hueco en el estómago, sudar las manos, temblar las piernas, te ponen la piel de gallina, nudo en la garganta y casi que te dan ganas de vomitar pero que a medida que han pasado los años has logrado superar!

Ahora haz una estrella al lado de los miedos que has podido superar ¡Pinta la estrella de dorado para que brillen tus logros!

Todos tenemos 5 sentidos que nos ayudan a experimentar la vida y a vivirla al máximo.

Coge una revista y corta o dibuja las imágenes que representan las cosas que harían feliz a cada uno de tus sentidos:

Oler (el perfume de mi esposo)

Ver (revistas)

Probar (Chocolate)

Tocar (crema de manos con azucar)

Oír (Celine Dion)

> *"Lo que haces es igual de importante, incluso más importante que lo que dices"*

Día 19

Haz una bolsita que le alegre el día a alguien que lo necesite. En mi casa la llamamos la bolsita de la alegría.

Llénala con:

1. Un par de medias para calentar sus piecitos

2. Unas papitas o mis favoritos que son los chitos para llenarle su barriguita (no tan saludable)

3. Un yogurt o quesito (más saludable)

4. Una fruta

5. Un chocolate para endulzar su día

6. Agua

7. $1

8. Curitas para tapar esas heriditas

Día 20/ ¡¡¡¡Una casa chiquita o grande es la base de una familia!!!! Cuéntame con detalles cómo sería tu casa perfecta.

Día 21 | Rencores, peleas, rabias y frustraciones son emociones negativas que se desarrollan cuando peleas con alguien. Cuéntame de esa persona a quien no has podido perdonar.

Día 22| ¿¿¿Cómo perdonarías a esa persona que no has podido perdonar???

Día 23/ ¿Lista para pensar en el futuro? ¿Sí? ¿No?

¿Te acuerdas cuando de chiquitas nos decían qué quieres ser cuando seas grande? ¡¡Hoy dedícate a pensar en eso!!

Nunca es tarde para cumplir tus sueños.

Dia 29/ Si si estás lista cuéntame en dónde te ves en 1 año

- Familia

- Casa

- Amor

- Hobbies

- Trabajo

- Estudio

Día 25/ Si hoy pudieras irte a donde tu quisieras, ¿Que sitio escogerías? ¿Qué llevarías? ¿A quién? Por qué estas cosas y personas son importantes para ti?

Día 26/ ¡¡¡Hoy es tu día de la suerte!!! Reinventa tu identidad

¿Quién quisieras ser?

¿Hombre o mujer?

¿Dónde vivirías?

¿Que harías para ser feliz?

Describe tu personalidad
Aspecto físico
Habilidades
Debilidades

¡¡¡¡¡Dibújate!!!!!

Colorear tiene muchos beneficios:

Te relaja

Disminuye la ansiedad y estrés

Ejercita la motricidad fina

Entrena el cerebro para enfocarse

¡¡Y a mí me hace sentir niña otra vez!!

Escoge tus 4 colores favoritos y colorea esta mágica página

¿Qué camino cojo????
¿Para dónde voy???
Estoy completamente perdida
Alguien deme un GPS!!!!!

Acá llegué al rescate, a traerte un GPS último modelo espectacular, pero para que funcione necesitas ponerle un poco de información.

¿Quién eres?

¿Cómo es tu familia?

¿En dónde vives?

¿Qué haces?

¿A quién ayudas?

¿Qué te encanta hacer?

¿Quiénes son tus amigos?

¡¡¡Súper!!! Con toda esta informacion ya el GPS prendió y finalmente logró ubicarte en el mapa (se demoró un poco, pero más vale tarde que nunca).

Día 29| Ahora que ya está claro en dónde estás, necesitamos ponerle al GPS la dirección hacia donde vas. ¿Cuál es tu ruta?

Cuéntame tus:

¿Fantasías?

¿Sueños?

¿Proyectos?

¿Propósitos?

¿Metas?

¿Hobbies?

¡Ahora sí a navegar se dijo!

Día 30/ **Al saber la dirección y la ruta para dónde vas, el GPS generó una lista de instrucciones. ¡¡Acuérdate que si te pierdes solo basta con volver a poner la dirección!!**

1. Escoge un sueño, crea un proyecto y ponte una meta.

2. Escribe 4 pasos para lograrlo.

3. Desarrolla una línea de trabajo en el tiempo.

4. Cuando completes el primer paso date un super premio (personalmente pasteles de guayaba son mis premios favoritos).

¡¡Amé estos últimos días acompañándote por este camino del redescubrimiento! ¡La verdad me vas a hacer un poco de falta, pero espero estés llena de nuevas emociones, sentimientos, proyectos, metas y hermosas actitudes hacia la vida!!

Guarda este libro en tu mesita de noche y vuelve a él cuando amanezcas sintiendo ese huequito en el estómago que casi ni nos deja respirar.

Agradecimientos

¡¡Increíblemente lo logre!! Escribir este libro era uno de mis sueños de vida, una meta que hace muchísimo me puse pensando que en alguna ocasión lo lograría, y hoy llegó ese momento.

El haber logrado escribir este libro fue gracias a la paciencia de mi esposo, la ayuda de mi mama y mi suegra con mis tres hijos, a mis hermanos por su apoyo emocional y a mis amigas por toderas (literal ayudaron con todo).

Desde pequeña siempre estuve rodeada por mujeres luchadoras que, aunque reprimidas por el machismo de sus esposos, lograron cumplir sus sueños y salir adelante. La primera mujer que lleno mi corazón de orgullo y fortaleza fue mi abuela Gabriela (¡que mujer!) llena de metas, objetivos, y proyectos, siempre enfocada en cómo sacar a su familia adelante. Mi abuela logro todos sus sueños gracias a mi abuelo Gilberto que con su amor incondicional siempre le dio su apoyo para que pudiese cumplir sus sueños. Mi abuela Luchy la mujer más hermosa que he conocido en el mundo, con su encanto y amor todo el tiempo nos enseñó la importancia de estar siempre unidos en familia. Mi mamá, una mujer inteligente, luchadora, humilde, me enseñó a ver lo hermoso de la vida, que todos somos iguales, y que nunca vales por lo que tienes sino por lo que eres.

Mi tía Clara, que viviendo momentos difíciles, peleando contra el mundo, se graduó para convertirse en una de las psicólogas más brillantes que conozco. Mi Hermana, que verla crecer fue una experiencia imposible de describir en palabras y hoy es toda una ejecutiva; creando empresas y construyendo hogares para los que más lo necesitan.

Hoy Dios me sigue rodeando de mujeres extraordinarias que a su manera enriquecen mi vida y la del mundo. Mi suegra que para empezar crio al hombre más honesto, trabajador, amoroso y altruísta, lo mejor es que le encanta hacer mercado y hechar gasolina a nuestro carro (mi esposo hermoso). Ella con su apoyo incondicional, su amor, ayuda y su deliciosa torta de banano nos endulza la vida diariamente. Mis cuñadas, que cada una con sus espectaculares talentos y por medio de sus trabajos, le proveen emociones y experiencias hermosas a todos aquellos que tienen el privilegio de usar sus servicios.

A mis abuelos que fueron, es y siempre serán mi todo! De ellos aprendí a ser quien soy, a luchar por lo que quiero y a valorarme como mujer.

A mi papá que con su gran corazón me enseñó lo hermoso de la humildad y la importancia de todos los días mejorar la vida de otros (SU SONRISA LE ALEGRABA EL DÍA A TODO AQUEL QUE SE CRUZABA POR SU CAMINO).

A mi hermano Daniel que a pesar de las piedritas que tuvo en su camino, logró superarse y hoy nos demuestra que trabajando duro se logran las cosas. Gracias por tu amor incondicional hacia tus sobrinos y por empujarlos a ser mejores en todo lo que hacen.

A mis amigas del alma que gracias a los cafecitos, vinitos, ladies nights, spinach dips, apoyo y amor incondicional logre superar los momentos difíciles para poder ¡¡enfocarme en el libro!!

A mis tres hijos Marcos, Sary y Moises que llenan mi vida de amor, de felicidad, de nervios, de rabias, de todas las emociones que existen 24/7 pero que sin ustedes mi vida nunca sería la misma!! Los amo

Y finalmente a mi mejor amigo, esposo, amante, a mi todo!! Gracias por ayudarme a volar, a cumplir mis sueños, a apoyarme al querer salvar el mundo, a acompañarme en esto de educar a tres niños adivinando como hacerlo juntos!!!! A amarnos y a conquistar el mundo.

Jael Toledo

Tu ida dejó un vacio en nuestros corazones,
pero al igual nos enseñó la importancia de
cuidar nuestra salud mental y emocional,
no dejar quien queremos ser por otros y
luchar al máximo por nuestros sueños!

Te quiero y extraño Tefi

Made in the USA
Charleston, SC
21 December 2016